대롱대롱 양말 빨래

양말이 짝을 맞춰서 나란히 널려 있어요. 왼쪽에 있는 양
모습을 잘 보고, 오른쪽 빈 양말을 똑같이 색칠해 보세.

정교성

검은 씨가 쏙쏙!

활짝 핀 해바라기 꽃에 검은 씨가 쏙쏙 박혀 있어요. 각 칸마다
동글동글한 해바라기 씨를 하나씩 그려 넣어 보세요.

보글보글 찌개

엄마가 맛있는 찌개를 끓여 주셨어요. 뜨거운 찌개에서 김이
모락모락 나는 모습을 생각해 보고, 찌개 위에 그려 보세요.

융통성

독창성

나뭇잎 패션쇼

나뭇잎으로 만든 옷을 입고 패션쇼를 해요. 빈 나뭇잎을 알록달록
색칠하고, 드레스의 빈 곳에 나뭇잎을 더 그려서 꾸며 보세요.

알록달록 빗방울

요정들이 빗방울에 물감을 섞었더니, 알록달록한 색깔이 되었어요.
빗방울의 모습을 상상해 보고, 내리는 모습을 그려 보세요.

상상력

방울방울 이슬

아침 이슬이 거미줄에 방울방울 맺혀 있어요. 이슬방울의 모습을
생각해 보고, 거미줄에 동글동글 예쁘게 그려 보세요.

민감성

해님이 쨍쨍!

햇살이 쨍쨍 내리쬐서 눈이 부셔요. 강한 햇살을 가릴 수 있도록,
가족들의 얼굴에 서로 다른 모양의 선글라스를 그려 보세요.

참 잘했어요

7

독창성

변해라! 카멜레온

여러 가지 색깔로 변할 수 있는 카멜레온이 꽃밭에 나타났어요.
카멜레온이 어떤 색으로 변했을지 생각해서 예쁘게 꾸며 보세요.

정교성

깜깜한 동굴

어둠을 밝혀 주는 램프가 꺼지면 동굴 안이 어떻게 변할까요?
검은색 크레파스를 칠해서 빛이 없는 깜깜한 동굴로 만들어 보세요.

멋쟁이 일곱 난쟁이

백설 공주가 일곱 난쟁이에게 예쁜 옷을 만들어 주었어요.
일곱 난쟁이의 옷을 서로 다른 색으로 예쁘게 칠해 보세요.

참 잘했어요

길쭉길쭉 선 긋기

그림을 그리고 글씨를 쓰는 도구들이에요. 크레파스, 연필, 볼펜,
사인펜, 색연필로 각각 선을 긋고, 어떤 느낌인지 이야기해 보세요.

민감성

나는
크레파스야.

나는
연필이야.

나는
볼펜이야.

나는
사인펜이야.

나는
색연필이야.

하늘을 훨훨!

비행기를 타지 않고 어떻게 하늘을 날 수 있을까요? 친구들이
어떻게 하늘을 날고 있을지 생각해서 여러 가지 방법을 그려 보세요.

융통성

참 잘했어요

독창성

두 가지로만 쓱쓱!

여러 가지 펜을 준비해 보세요. 그리고 그중에서 두 가지만 골라
손에 함께 쥐고, 출렁이는 바다의 물결을 그려 보세요.

바삭바삭 과자 나라

바삭바삭한 과자로 만든 나라에 왔어요. 집과 정원이 온통 과자로
만들어진 모습을 상상해 보고, 빈 곳을 예쁘게 색칠해 보세요.

내가 사랑하는 엄마

나는 엄마가 세상에서 가장 좋아요. 엄마를 생각하면 머릿속에
떠오르는 것들을 아래의 빈 곳에 다양하게 그려 보세요.

참 잘했어요

우리
엄마

디귿의 변신

디귿은 여러 가지 모양으로 변할 수 있어요. 아래의 커다란
디귿이 각각 무엇으로 변할 수 있을지 자유롭게 그려 보세요.

융통성

알쏭달쏭 동물

동물 친구들의 몸에서 일부분이 사라졌어요. 동물들의 모습을
잘 보고, 사라진 부분을 그려서 몸을 완성해 보세요.

민감성

오르락내리락 시소

시소를 타는 코끼리가 위로 쑥 올라갔어요. 코끼리의 반대쪽에는
누가 타고 있을지 상상해서 예쁘게 그려 보세요.

상상력

20

인디언의 텐트

인디언들이 숲 속에 텐트를 쳤어요. 뒤에 있는 작은 텐트의 색깔을
잘 보고, 비어 있는 텐트를 똑같은 색깔로 예쁘게 칠해 보세요.

동물들의 수수께끼

동물 친구들이 수수께끼를 내고 있어요. 네 가지 힌트를 보고
정답이 무엇일지 생각해서 빈 곳에 그림으로 그려 보세요.

민감성

나는 얼굴이 빨갛고,
초록색 모자를 쓰고 있어요.

나는 작은 점이
많이 붙어 있어요.

나는 새콤달콤한 과일이에요.

내 이름은 두 글자예요.

내가 만든 액자

액자의 가운데에 내가 좋아하는 사진을 붙여 보세요. 그리고
액자 테두리에 그림을 그리고 스티커를 붙여서 꾸며 보세요.

독창성

사진을 붙여 보아요.

네모 네모 나라

네모 네모 나라는 네모난 모양으로 가득 차 있어요. 네모난 구름,
네모난 나무, 네모난 바퀴를 상상해서 꾸며 보세요.

나에게 있는 색깔

지금 내 몸에 있는 여러 가지 색깔을 찾아보세요. 그리고 찾은 색깔로 아래의 빈 곳을 하나씩 칠해서 채워 보세요.

참 잘했어요

유창성

마법사의 요술 구슬

커다란 구슬이 지금 누가 마법사를 만나러 오는지 보여 주어요.
누가 오고 있을지 상상해서 구슬에 그려 보세요.

상상력

달콤달콤 케이크

곰돌이가 똑같은 케이크를 네 개 만들고 있어요. 완성된 케이크의
모습을 잘 보고, 나머지 세 개의 케이크도 똑같이 만들어 보세요.

민감성

참 잘했어요

나만의 멋진 자동차

도로에서 여러 가지 자동차들이 부릉부릉 즐겁게 달리고 있어요.
그림을 그리고 스티커도 붙여서 자동차들을 멋지게 꾸며 보세요.

참 잘했어요

정교성

물렁물렁 외계인

물렁물렁 모양이 변하는 외계인들이에요. 외계인의 테두리를
따라서, 중간에 색연필을 떼지 말고 한 번에 선을 그려 보세요.

독창성

물줄기가 쌰!

더운 여름날에는 수영장에서 시원하게 놀아요. 위에서 아래로
'쌰!' 하고 시원하게 떨어지는 물줄기를 그려 보세요.

부지런한 개미

부지런한 개미들이 열심히 음식을 나르고 있어요. 개미들이 지금
들고 가는 음식은 무엇 무엇일지 생각해 보고, 그림을 그려 보세요.

참 잘했어요

유창성

32

모양을 찾아라!

동그라미, 세모, 네모가 서로 겹쳐 있어요. 그림에서 각 모양을 찾아
동그라미는 빨강, 세모는 노랑, 네모는 파랑으로 색칠해 보세요.

민감성

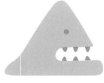

나는야 화가!

작은 액자에 있는 그림을 잘 살펴보세요. 그리고 커다란 액자에
있는 선을 따라서 그림을 똑같이 그린 뒤, 예쁘게 색칠해 보세요.

정교성

고흐 〈해바라기를 꽂은 꽃병〉

쿵쾅쿵쾅 발자국

엄마 공룡이 알에서 태어난 아기 공룡과 걸어갔어요. 두 공룡이
지나간 자리에 발자국이 어떻게 찍혔을지 생각해서 그려 보세요.

참 잘했어요

35

나의 예쁜 손과 발

왼쪽에는 나의 양쪽 손을, 오른쪽에는 나의 양쪽 발을 대고
따라 그려 보세요. 그리고 손과 발을 마음대로 꾸며 보세요.

참 잘했어요

아빠에게 뽀뽀 쪽!

내가 아빠에게 쪽 하고 뽀뽀하면 아빠는 어떤 기분일까요?
아빠의 마음을 생각해 보고 모양이나 색깔로 나타내 보세요.

독창성

참 잘했어요

38

요리조리 변하는 모양

동그라미, 세모, 네모의 여러 가지 모양이 새로운 물건으로 변하고
있어요. 각 모양에 그림을 그려서 새로운 것으로 만들어 보세요.

정교성

내가 그린 모자

모자를 멋지게 그리려고 해요. 위에 있는 순서대로
모자를 따라 그리고 색칠해서 똑같이 만들어 보세요.

텔레비전 속 내 모습

내가 만약 텔레비전에 나온다면 어떤 모습일까요? 텔레비전에
나온 내 모습을 상상해 보고, 빈 곳에 그림을 그려 보세요.

상상력

모양 수집가

모양 수집가는 세상의 모든 모양을 자루에 모아요. 모양 수집가의
커다란 자루에는 어떤 모양들이 있을지, 다양하게 그려 보세요.

숲속의 친구들

가을 숲속에 밤, 도토리, 솔방울, 호두가 가득 열려 있어요. 아래의
사진에 팔, 다리, 얼굴 등을 그려서 숲속의 친구들로 만들어 보세요.

참 잘했어요

펑펑 눈 내린 날

추운 겨울날, 함박눈이 펑펑 내려 온 세상이 하얗게 변했어요.
나는 무엇을 하고 싶은지 생각해서 빈 곳에 그려 보세요.

민감성

애벌레가 사각사각!

애벌레들이 빨갛게 잘 익은 사과를 사각사각 갉아 먹고 있어요.
사과의 구멍마다 꼬물꼬물 귀여운 애벌레들을 그려 보세요.

참 잘했어요

45

즐거운 내 마음

아래의 사진을 보고 각각 얼만큼 즐거울지 생각해 보세요. 그리고
즐거운 만큼 빈 곳에 동그라미를 크게 그리거나, 많이 그려 보세요.

융통성

바닷가에서 신 나게 놀아요.

멋지게 그림을 그려요.

달콤한 케이크를 먹어요.

아빠와 재미있게 놀아요.

정교성

똑같은 우주선

친구와 사이좋게 멋진 우주선을 그리고 있어요. 친구가 그린
우주선 그림을 잘 보고, 파란 종이 위에 똑같이 그려 보세요.

북극곰의 생일

북극곰의 생일날, 물개가 선물을 가지고 왔어요. 상자 안에는
어떤 선물이 들어 있을지 상상해서 그려 보세요.

상상력

천사의 날개 옷

내가 만약 천사가 된다면 어떤 옷을 입을까요? 내가 입고 싶은
대로 그림을 그려서 천사의 옷과 날개를 예쁘게 꾸며 보세요.

독창성

꼬물꼬물 애벌레

애벌레의 몸에 있는 색깔 순서를 잘 보고, 빈칸을 알맞게 칠해
보세요. 또 맨 아래 애벌레에는 두 가지 색을 마음껏 칠해 보세요.

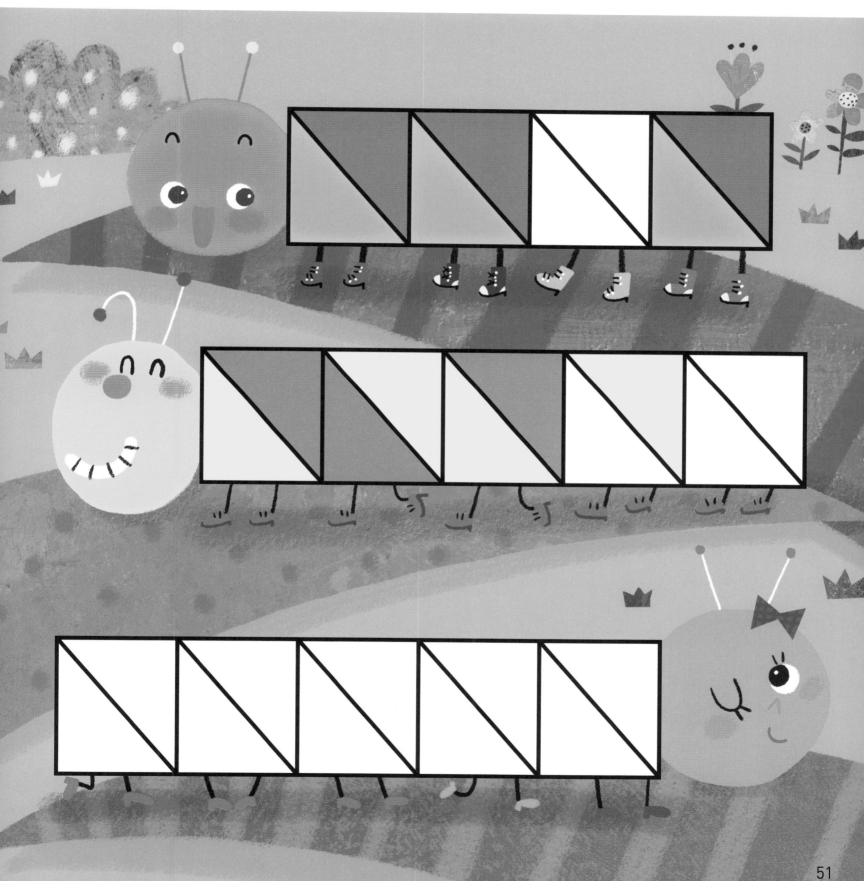

하늘로 가는 문

만약 하늘에 문이 있다면 어떤 모양이고 얼마만한 크기일까요?
하늘로 들어가는 문을 상상해서 멋지게 그려 보세요.

상상력

한 땀 한 땀 바느질

할머니가 양말을 만들고 있어요. 양말의 테두리를 한 땀 한 땀
따라 그려 바느질을 완성하고, 예쁘게 꾸며 보세요.

참 잘했어요

독창성

펑펑 불꽃놀이

깜깜한 밤하늘에 멋진 불꽃놀이가 열렸어요. 알록달록한 색깔과
여러 가지 모양으로 밤하늘의 불꽃을 멋지게 그려 보세요.

뚝딱뚝딱 의자

여러 가지 물건에 뚝딱뚝딱 다리를 달아서 의자로 만들어요.
무엇으로 어떻게 의자를 만들면 좋을지 생각해서 그려 보세요.

생각하는 새

나뭇가지에 앉아 있는 새는 지금 무슨 생각을 하고 있을까요?
새들이 어떤 생각을 하고 있을지 상상해서 예쁘게 그려 보세요.

멋쟁이 수염

할아버지의 수염은 세상에서 가장 멋져요. 어떤 모양을 하고 있을지
생각해 보고, 할아버지의 얼굴에 멋지게 수염을 그려 보세요.

독창성

참 잘했어요

오늘의 날씨

창문을 열고 하늘을 바라보세요. 그리고 오늘의 날씨는 어떤지,
지금 하늘의 모습 그대로 아래에 그려 보세요.

민감성

59

아이스크림 모자

아이스크림으로 만든 모자는 어떻게 생겼을까요? 친구들의 머리
위에 시원하고 달콤한 아이스크림 모자를 그려 보세요.